Zwergenstübchen

PLÄTZCHEN

Kaufmann Verlag

„Auf die Plätzchen, fertig, los!"

Endlich ist sie wieder da, die schönste Zeit im Zwergenjahr,
und das Zwergenstübchen eröffnet mit diesen köstlichen Plätzchen-Rezepten
eine wundervolle Weihnachts-Backsaison.

Machen Sie es wie die Zwergenschar, bereiten Sie gleich
den Mürbteig für das erste Rezept „Weihnachtssterne" zu.

Mürbteig-Grundrezept

Das Mehl auf eine Arbeitsfläche sieben. In die Mitte eine Vertiefung drücken, Zucker und Ei hineingeben, mit etwas Mehl verrühren. Auf den Mehlrand die kalte, kleingeschnittene Butter legen, alles zu einem glatten Teig kneten. Diesen zugedeckt etwa 1 Stunde bis zur Weiterverarbeitung in den Kühlschrank stellen.

Eine schöne Advents- und Weihnachtszeit und
viel Freude beim Plätzchen backen

wünschen Elke und Timo Schuster

WEIHNACHTSSTERNE

Zutaten:
Teig:
300 g Mehl
100 g Zucker
100 g gemahlene Mandeln
1 Teelöffel Zimt
1 Teelöffel Kakao
1 Messerspitze Nelken
1 Messerspitze Kardamom
250 g Butter

Füllung:
Marmelade z.B. Erdbeer- oder Himbeermarmelade

Dekoration:
Puderzucker

1 größere Sternausstecherform
1 kleine Sternausstecherform

Zubereitung:
Die Teigzutaten zu einem Mürbteig verarbeiten, kaltstellen. Danach den Teig auf einer bemehlten Arbeitsfläche nicht zu dick auswellen und mit der größeren Ausstecherform die Sterne ausstechen. Von der Hälfte der großen Sterne werden in der Mitte die kleinen Sternchen herausgestochen. Alle großen Sterne auf ein mit Back-Trennpapier ausgelegtes Backblech geben. Im vorgeheizten Backofen bei 180 Grad ca. 15 Minuten backen.

Danach die ganzen Sterne mit Marmelade bestreichen und die anderen mit Puderzucker bestäuben. Auf jeden Marmeladenstern setzt man einen Puderzuckerstern, und zwar so, dass die Sternzacken versetzt sind.

Die ganz kleinen Sternchen werden mit zerschlagenem Eigelb bestrichen und bei 160 Grad ca. 8 Minuten gebacken.

Schokokugeln

Zutaten:

100 g Butter, 50 g Zucker,
2 gehäufte Esslöffel feine Haferflocken,
2 gehäufte Esslöffel Kakao,
4 – 6 Esslöffel Milch

Zubereitung:

Alle Zutaten zu einem festen Teig verkneten. Den Teig zu Kugeln formen und in Schokostreuseln wälzen, bis zum Verzehr kaltstellen.

Feigenkonfekt

Zutaten:

200 g Blockschokolade, 10 g Kokosfett,
125 g in Würfel geschnittene Feigen,
125 g gehackte Walnusskerne

Zubereitung:

Schokolade und Fett im Wasserbad bei schwacher Hitze schmelzen. In die leicht abgekühlte Masse Feigen und Walnusskerne unterheben. Mit Hilfe von zwei Teelöffeln kleine Häufchen auf Back-Trennpapier setzen, bis zum Verzehr kaltstellen.

ADVENTSSTERNE

Zutaten:

125 g gemahlene Haselnüsse

125 g gemahlene Mandeln

50 g dünn geschnittenes Orangeat

1 Esslöffel Honig

250 g Zucker

etwas Zimt

2 Eiweiß

Sternausstecherform

Zubereitung:
Haselnüsse, Mandeln, Orangeat, Honig, Zucker und Zimt vermischen. Das sehr steif geschlagene Eiweiß unter die Masse ziehen. Auf einer gezuckerten Arbeitsfläche den Teig ca. 1/2 cm dick auswellen und mit der zuvor in Zucker getauchten Form die Sterne ausstechen. Diese auf ein mit Back-Trennpapier ausgelegtes Backblech setzen und im vorgeheizten Backofen bei 170 Grad ca. 25 Minuten backen.

MANDELSPLITTER

Zutaten:
100 g Honig
4 Esslöffel süße Sahne
1 Teelöffel Zimt
250 g Mandelstifte

Zubereitung:
Den Honig in einem Topf bei niedriger Temperatur erhitzen, vom Herd nehmen, Sahne und Zimt einrühren. Anschließend die Mandelstifte unter die Masse ziehen. Auf ein mit Back-Trennpapier ausgelegtes Backblech mit Hilfe von zwei Teelöffeln Mandelsplitterhäufchen setzen. Im vorgeheizten Backofen bei 160 Grad ca. 20 Minuten backen.

ZITRONENBREZELN

Zutaten:
250 g Mehl
1 Ei
100 g Zucker
1 Prise Salz
abgeriebene Schale einer unbehandelten Zitrone
3 Esslöffel Zitronensaft
125 g Butter

Guss:
150 g Puderzucker
3 Esslöffel Zitronensaft

Zubereitung:
Alle Teigzutaten zu einem Mürbteig verarbeiten. Nach dem Kaltstellen formt man aus dem Teig bleistiftdicke, ca. 15 cm lange Rollen, schlingt diese zu Brezeln und setzt sie auf ein mit Back-Trennpapier ausgelegtes Backblech. Im vorgeheizten Backofen bei 200 Grad ca. 15 Minuten backen. Für den Guss die Zutaten verrühren und die gebackenen Brezeln damit bestreichen.

ADVENTSWÜRFEL

Zutaten:
250 g Butter
150 g Puderzucker
1 Päckchen Vanillezucker
4 Eier
150 g Mehl
1 Teelöffel Backpulver
100 g geriebene Schokolade
200 g gemahlene Mandeln

100 g Kuvertüre

Dekoration:
z.B. einige abgezogene Mandeln, Mandelstifte, gemahlene Haselnüsse, Schokostreusel, Hagelzucker, Kokosraspel, bunter Zucker

Zubereitung:
Butter schaumig schlagen. Abwechselnd Zucker, Vanillezucker und Eier einrühren. Nacheinander das mit Backpulver vermischte, gesiebte Mehl sowie Schokolade und Mandeln unterheben. Den Teig auf ein gefettetes Backblech streichen. Im vorgeheizten Backofen bei 180 Grad ca. 20 Minuten backen. Anschließend mit der zuvor im Wasserbad geschmolzenen Kuvertüre bestreichen, in kleine Quadrate schneiden und beliebig verzieren.

TERRASSENPLÄTZCHEN

Zutaten:
300 g Mehl
100 g Zucker
1 Päckchen Vanillezucker
175 g Butter

Dekoration:
ca. 4 Esslöffel Marmelade
(z.B. Himbeer-, Aprikosen- oder Brombeermarmelade)
Puderzucker zum Bestäuben

verschiedene rundgewellte Ausstecherförmchen

Zubereitung:
Die Teigzutaten zu einem Mürbteig verarbeiten, kaltstellen. Den Teig auf einer bemehlten Arbeitsfläche ca. 1/2 cm dick auswellen, verschieden große, runde Plätzchen ausstechen. Diese auf ein mit Back-Trennpapier ausgelegtes Backblech geben.

Im vorgeheizten Backofen bei 200 Grad ca. 15 Minuten backen. Die noch warmen Plätzchen mit Marmelade bestreichen und terrassenförmig zwei- oder dreistöckig aufeinander setzen.

Über die Terrassenplätzchen Puderzucker stäuben und auf das oberste in die Mitte einen Tupfen Marmelade geben.

SCHOKOLADENHÄUFCHEN

Zutaten:

3 Eiweiß
100 g Puderzucker
1 Päckchen Vanillezucker
1 gehäufter Teelöffel Kakao
50 g geriebene Schokolade

Zubereitung:

Eiweiß steif schlagen, löffelweise Puderzucker und Vanillezucker einrühren. Anschließend Kakao und Schokolade unterheben. Mit Hilfe von zwei Teelöffeln Teighäufchen auf ein mit Back-Trennpapier ausgelegtes Backblech setzen. Im vorgeheizten Backofen bei 140 Grad ca. 45 Minuten trocknen.

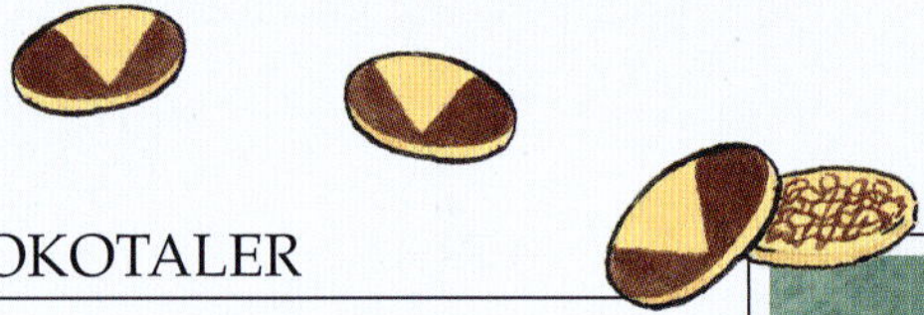

SCHOKOTALER

Zutaten:
200 g Mehl
100 g Zucker
100 g Kokosraspel
1 Teelöffel Zimt
3 Eigelb
100 g Butter

100 g Kuvertüre

Zubereitung:
Die Teigzutaten zu einem Mürbteig verarbeiten, kaltstellen.

Den Teig in Rollen von ca. 4 cm formen, danach in 1/2 cm dicke Scheiben schneiden und auf ein mit Back-Trennpapier ausgelegtes Backblech setzen. Im vorgeheizten Backofen bei 175 Grad ca. 10 Minuten backen. Die abgekühlten Taler mit geschmolzener Kuvertüre beliebig verzieren.

Schokoladenkonfekt

Zutaten:

1 Esslöffel Butter, 250 g Zucker,
125 g geriebene Schokolade, 1/4 l Milch

Zubereitung:

Butter in einem Topf erhitzen. Unter Rühren Zucker, Schokolade und Milch zufügen, langsam aufkochen, bis die Masse sehr dick ist. Auf ein gefettetes Backblech geben, gleichmäßig verteilen und in kleine, viereckige Plätzchen schneiden. Nach dem Erkalten vom Blech nehmen.

APFELSINENSTÄBCHEN

Zutaten:
175 g Butter
75 g Zucker
abgeriebene Schale einer unbehandelten Apfelsine
3 Esslöffel Apfelsinensaft
1 Eigelb
200 g Mehl
75 g Speisestärke
1 Teelöffel Backpulver

Guss:
200 g Puderzucker
4 Esslöffel Apfelsinensaft

Zubereitung:
Butter schaumig rühren, nach und nach Zucker, Apfelsinenschale, -saft und Eigelb mitrühren. Das mit Speisestärke und Backpulver vermischte Mehl unterheben.

Den Teig in einen Spritzbeutel füllen, ca. 4 cm lange Stäbchen auf ein mit Back-Trennpapier ausgelegtes Backblech spritzen. Im vorgeheizten Backofen bei 200 Grad ca. 10 Minuten backen. In der Zwischenzeit den Guss aus Puderzucker und Apfelsinensaft rühren. Nach dem Backen die Stäbchen damit bestreichen.

WALNUSSPLÄTZCHEN

Zutaten:

250 g Mehl
150 g Zucker
1 Päckchen Vanillezucker
1 Prise Salz
1 Eigelb
200 g Butter

Glasur:

1 Eiweiß
150 g Puderzucker
$^{1}/_{2}$ Päckchen Vanillezucker

150 g Walnusskerne

runde Ausstecherform
Spritzbeutel mit kleiner Tülle

Zubereitung:

Mehl, Zucker, Vanillezucker, Salz, Eigelb und Butter zu einem Mürbteig verarbeiten. Nach dem Kaltstellen den Teig auf einer bemehlten Arbeitsfläche kurz durchkneten und ca. $^{1}/_{2}$ cm dick auswellen. Nun runde Plätzchen ausstechen und auf ein mit Back-Trennpapier ausgelegtes Backblech setzen.

Auf jedes Plätzchen einen halben Walnusskern legen. Im vorgeheizten Backofen bei 200 Grad ca. 15 Minuten backen. In der Zwischenzeit aus Eiweiß, Puderzucker und Vanillezucker die Glasur rühren. Diese als Verzierung (z.B. Tupfen, Streifen) auf die noch warmen Plätzchen spritzen.

BUNTE LEBKUCHEN

Zutaten:
375 g Honig
150 g Zucker
2 Eier
2 Teelöffel Kardamom
3 Teelöffel Zimt
1 Messerspitze gemahlene Nelken
1 Messerspitze gemahlene Muskatnuss
500 g Mehl
1 Päckchen Backpulver
100 g gehackte Mandeln
50 g gehackte Haselnüsse
50 g gewürfeltes Zitronat

runde und rechteckige Backoblaten

Guss:
helle Lebkuchen:
150 g Puderzucker
etwas Zitronensaft
dunkle Lebkuchen:
Kuvertüre

Dekoration:
z.B. gehackte Pistazien, abgezogene halbe Mandeln, gehobelte Mandelblättchen, Walnusshälften, bunter Zucker, Schokostreusel

Zubereitung:
Honig, Zucker, Eier und die Gewürze gut rühren. Das mit Backpulver vermischte Mehl löffelweise einrühren. Anschließend Mandeln, Haselnüsse und Zitronat unterheben.

Die Oblaten mit der Masse bestreichen und auf ein mit Back-Trennpapier ausgelegtes Backblech geben. Im vorgeheizten Backofen bei 180 Grad ca. 20 Minuten backen.

Für den hellen Guss Puderzucker mit Zitronensaft verrühren. Für den dunklen Guss die Kuvertüre im Wasserbad schmelzen. Die abgekühlten Lebkuchen mit dem hellen Guss oder der Kuvertüre bestreichen und beliebig verzieren.

HASELNUSSGEBÄCK

Zutaten:

220 g Mehl
150 g gemahlene Haselnüsse
100 g Zucker
1 Päckchen Vanillezucker
200 g Butter

Dekoration:

100 g Vollmilch-Kuvertüre

Zubereitung:

Alle Teigzutaten zu einem Mürbteig verarbeiten, kaltstellen. Danach den Teig in 1 cm dicke Rollen formen und in 4 cm lange Stücke schneiden. Diese auf ein mit Back-Trennpapier ausgelegtes Backblech setzen und im vorgeheizten Backofen bei 200 Grad ca. 15 Minuten backen. In der Zwischenzeit die Kuvertüre im Wasserbad schmelzen. Nach dem Backen beide Enden des Nussgebäcks in die Kuvertüre tauchen und zum Abtrocknen auf ein Kuchengitter legen.

ROT-WEISS-GEBÄCK

Zutaten:
250 g Mehl
25 g gemahlene Haselnüsse
100 g Zucker
1 Päckchen Vanillezucker
1 Ei
150 g Butter

Dekoration:
200 g Puderzucker
2 Esslöffel Johannisbeersirup
etwas Wasser

1 größeres, rundes
Ausstecherförmchen

Zubereitung:
Alle Teigzutaten zu einem Mürbteig verarbeiten, kaltstellen. Danach den Teig auf einer bemehlten Arbeitsfläche 1/2 cm dick auswellen, runde Plätzchen ausstechen. Diese auf ein mit Back-Trennpapier ausgelegtes Backblech setzen, im vorgeheizten Backofen bei 200 Grad ca. 15 Minuten backen.
Nun den roten Guss aus 100 g Puderzucker, Johannisbeersirup und etwas Wasser zubereiten. Für den weißen Guss 100 g Puderzucker und etwas Wasser verrühren.

Nach dem Backen jedes Plätzchen jeweils zur Hälfte mit rotem und weißem Guss bestreichen, zum Trocknen auf ein Kuchengitter legen.

MANDELKRÄNZCHEN

Zutaten:
150 g Mehl
75 g gemahlene Mandeln
75 g Zucker
2 Eigelb
Saft einer halben,
unbehandelten Zitrone
75 g Butter

Dekoration:
1 Eigelb
1–2 Esslöffel Milch
2–3 Esslöffel gehackte
Mandeln

Zubereitung:
Alle Teigzutaten zu einem Mürbteig verarbeiten, kaltstellen. Aus Teigstückchen bleistiftdicke Rollen herstellen, ca. 8 cm lang abschneiden und zu Kränzchen formen. Diese auf ein mit Back-Trennpapier ausgelegtes Backblech legen.

Eigelb und Milch gut verrühren, die Kränzchen damit bestreichen, gehackte Mandeln darüber streuen. Im vorgeheizten Backofen bei 200 Grad ca. 10 Minuten backen.

Zur
Lichterfest

ROSINENHÄUFCHEN

Zutaten:

200 g Butter
125 g Puderzucker
1 Päckchen Vanillezucker
2 Eigelb
280 g Mehl
2 Esslöffel Milch
100 g gehackte Mandeln
150 g Rosinen

Zubereitung:
Butter schaumig schlagen. Abwechselnd Puderzucker, Vanillezucker, Eigelb dazugeben, zu einer cremigen Masse rühren. Löffelweise Mehl und Milch einrühren. Zum Schluss die gehackten Mandeln und Rosinen unterheben.

Mit Hilfe von 2 Teelöffeln Teighäufchen auf ein mit Back-Trennpapier ausgelegtes Backblech setzen. Im vorgeheizten Backofen bei 180 Grad ca. 20 Minuten backen. Über die erkalteten Rosinenhäufchen Puderzucker stäuben.

MAKRONENPLÄTZCHEN

Zutaten:
Teig:
250 g Mehl
100 g Zucker
1 Päckchen Vanillezucker
3 Eigelb
125 g Butter

Makronenmasse:
3 Eiweiß
150 g Puderzucker
175 g gemahlene Mandeln
1 Teelöffel Zimt

verschiedene runde Ausstecherförmchen

Zubereitung:
Alle Teigzutaten zu einem Mürbteig verarbeiten, kaltstellen. In der Zwischenzeit die Makronenmasse zubereiten.

In das steif geschlagene Eiweiß löffelweise Puderzucker einrühren, Mandeln und Zimt unterheben. Auf einer bemehlten Arbeitsfläche den Teig ca. 1/2 cm dick auswellen, runde Plätzchen ausstechen.

Diese auf ein mit Back-Trennpapier ausgelegtes Backblech setzen und auf jedes Plätzchen in die Mitte ein Häufchen Makronenmasse geben.

Im vorgeheizten Backofen bei 180 Grad ca. 20 Minuten backen.

HAFERFLÖCKCHEN

Zutaten:
100 g Butter
150 g Zucker
1 Päckchen Vanillezucker
2 Eier
165 g Mehl
1/2 Teelöffel Backpulver
100 ml Milch
150 g feine Haferflocken

Zubereitung:
Butter schaumig schlagen. Abwechselnd Zucker, Vanillezucker, Eier dazugeben, zu einer cremigen Masse rühren. Löffelweise das mit Backpulver vermischte Mehl und Milch einrühren.

Zum Schluss Haferflocken unterheben. Mit Hilfe von 2 Teelöffeln Teighäufchen auf ein mit Back-Trennpapier ausgelegtes Backblech setzen (reichlich Abstand lassen, da diese etwas auseinanderlaufen).

Im vorgeheizten Backofen bei 170 Grad ca. 20 Minuten backen. Nach Belieben mit geschmolzener Kuvertüre verzieren.

GEBACKENE FESTTAGSLICHTER

Zutaten:
100 g Butter
80 g Puderzucker
1 Päckchen Vanillezucker
4 Eigelb
125 g Zartbitterschokolade
125 g Mehl
1/4 Teelöffel Backpulver
4 Eiweiß

Dekoration:
150 g weiße Kuvertüre
12 rote, nicht tropfende Christbaumkerzen, diese im unteren Teil etwas mit Alufolie umwickeln
12 Metall-Sternförmchen oder runde Papierbackförmchen

Zubereitung:
Butter schaumig schlagen. Abwechselnd Zucker, Vanillezucker, Eigelb zufügen und mitrühren. Die zuvor im Wasserbad geschmolzene Schokolade abgekühlt in die cremige Masse geben, alles gut vermengen. Nacheinander das mit Backpulver vermischte Mehl sowie steif geschlagenes Eiweiß vorsichtig unterheben. Die gefetteten Sternförmchen oder Papierbackförmchen zu 2/3 mit Teig füllen und im vorgeheizten Backofen bei 170 Grad ca. 20 Minuten backen.

Nach dem Abkühlen die gebackenen Sterne und Küchlein mit der im Wasserbad geschmolzenen Kuvertüre überziehen, jeweils in die Mitte eine rote Christbaumkerze stecken.

In der Advents- und Weihnachtszeit kann man diese Sterne u.a. sehr schön als Tischdekoration verwenden, indem z.B. vor jedes Gedeck ein Festtagslicht gestellt wird.

ZUCKER
ZIMT
MEHL
BACK-
PULVER

BUNTE PLÄTZCHEN

Zutaten:
500 g Mehl
1/2 Päckchen Backpulver
250 g Zucker
1 Teelöffel Zimt
125 g gemahlene Mandeln
3 Eier
250 g Butter

Dekoration:
verschiedene Marmeladen
ein größeres, rundes Ausstecherförmchen
verschiedene ganz kleine Ausstecherförmchen

Zubereitung:
Die Zutaten zu einem Mürbteig verarbeiten, kaltstellen.

Den Teig auf einer bemehlten Arbeitsfläche nicht zu dick auswellen, mit dem runden Ausstecherförmchen Plätzchen ausstechen. Von der Hälfte der Plätzchen in der Mitte die kleinen Motive ausstechen. Alle runden Plätzchen auf ein mit Back-Trennpapier ausgelegtes Backblech geben. Im vorgeheizten Backofen bei 180 Grad ca. 15 Minuten backen. Nun die abgekühlten runden Plätzchen (ohne Motiv) mit Marmelade bestreichen, die anderen mit Puderzucker bestäuben. Auf jedes Marmeladenplätzchen ein Motivplätzchen setzen.

Die restlichen kleinen Plätzchen mit zerschlagenem Eigelb bestreichen. Im vorgeheizten Backofen bei 160 Grad ca. 8 Minuten backen.

MANDEL-PISTAZIENGEBÄCK

Zutaten:
250 g Mehl
100 g Zucker
100 g gemahlene Mandeln
50 g gehackte Mandeln
1 Eigelb
200 g Butter

Guss:
2 Eiweiß
100 g Puderzucker
75 g gemahlene Pistazien

Dekoration:
25 g ganze Pistazien

1 runde Ausstecherform

Zubereitung:
Die Zutaten zu einem Mürbteig verarbeiten, kaltstellen. Den Teig auf einer bemehlten Arbeitsfläche ca. 1/2 cm dick auswellen, runde Plätzchen ausstechen und auf ein mit Back-Trennpapier ausgelegtes Backblech setzen.

Für den Guss löffelweise Puderzucker in das steif geschlagene Eiweiß einrühren, anschließend die gemahlenen Pistazien unterheben. Mit dem Spritzbeutel Häufchen auf die Plätzchen spritzen und mit einer ganzen Pistazie verzieren. Im vorgeheizten Backofen bei 175 Grad ca. 20 Minuten backen.

Mandeln
Mandeln
ZUCKER

BUTTER-S

Zutaten:
500 g Mehl
125 g Zucker
1 Päckchen Vanillezucker
3 Eier
250 g Butter

Dekoration:
1 Eiweiß
Hagelzucker

Zubereitung:
Alle Zutaten zu einem Mürbteig verarbeiten, kaltstellen. Aus Teigstückchen ca. 1 cm dicke Rollen herstellen, etwa 8 cm lang abschneiden, jede zu einem „S" formen und auf ein Tuch legen.

Die Butter-S für 8 Stunden zum Trocknen in einen kühlen Raum stellen. Danach das Eiweiß mit der Gabel leicht schaumig schlagen, die „S" bestreichen, Hagelzucker darüber streuen und auf ein mit Back-Trennpapier ausgelegtes Backblech geben. Im vorgeheizten Backofen bei 180 Grad ca. 20 Minuten backen.

Mandel-Schoko-Gebäck

Zutaten:

4 Eiweiß, Saft einer halben Zitrone, 250 g Puderzucker,
100 g geriebene Schokolade, 1 Teelöffel Zimt, 250 g gemahlene Mandeln

Zubereitung:

Eiweiß steif schlagen. Zitronensaft und löffelweise Puderzucker dazugeben,
cremig rühren. Schokolade, Zimt und Mandeln unterheben.
Die Masse zu Kugeln formen, etwas platt drücken und auf ein
mit Back-Trennpapier ausgelegtes Backblech legen.
Auf jedes Plätzchen eine abgezogene Mandel setzen.
Im vorgeheizten Backofen bei 160 Grad ca. 20 Minuten backen.

HIMBEERSCHNITTEN

Zutaten:
250 g Butter
250 g Zucker
1 Päckchen Vanillezucker
7 Eigelb
500 g Mehl

Himbeermarmelade

Guss:
3 Eiweiß
200 g Puderzucker
200 g gemahlene Mandeln

Zubereitung:
Butter schaumig schlagen. Abwechselnd Zucker, Vanillezucker, Eigelb dazugeben, zu einer cremigen Masse rühren. Anschließend das Mehl zufügen, alles gut verkneten, kaltstellen.

Den Teig auf einer bemehlten Arbeitsfläche ca. 1/2 cm dick auswellen und auf ein mit Back-Trennpapier ausgelegtes Backblech legen. Die Teigplatte mit Himbeermarmelade bestreichen. Für den Guss löffelweise Puderzucker in das steif geschlagene Eiweiß einrühren. Zum Schluss die gemahlenen Mandeln unterheben. Den Guss gleichmäßig über der Himbeermarmelade verteilen und im vorgeheizten Backofen bei 180 Grad ca. 15 Minuten backen. Die etwas abgekühlte Kuchenplatte in Rechtecke schneiden.

SPRINGERLE

Zutaten:

4 Eiweiß
500 g Zucker
4 Eigelb
abgeriebene Schale einer unbehandelten Zitrone
500 g Mehl

Anis
Springerlesmodel

Zubereitung:

Eiweiß zu steifem Schnee schlagen. Abwechselnd Zucker und Eigelb dazugeben und so lange rühren, bis sich der Zucker aufgelöst hat.

Zitronenschale und Mehl zufügen, die Masse gut verkneten, kaltstellen. Den Teig auf einer bemehlten Arbeitsfläche ca. 1 cm dick auswellen. Die Model mit Mehl bestäuben und fest in die Teigplatte drücken. Aus dem Teig die Formen schneiden und auf ein gefettetes, mit Anis bestreutes Backblech setzen. Die Springerle bei Zimmertemperatur 8 Stunden trocknen, danach im vorgeheizten Backofen bei 160 Grad ca. 20 Minuten backen.

GEWÜRZSCHNITTEN

Zutaten:
100 g Butter
200 g Puderzucker
2 Eier
250 g Mehl
1 Teelöffel Backpulver
$^1/_2$ Teelöffel Zimt
$^1/_2$ Teelöffel Nelken

75 g gemahlene Haselnüsse
75 g gemahlene Schokolade
30 g Zitronat
30 g Orangeat
75 g Rosinen

100 g Vollmilch-Kuvertüre

Zubereitung:
Butter schaumig schlagen. Abwechselnd Puderzucker, Eier dazugeben, zu einer cremigen Masse rühren. Löffelweise das mit Backpulver vermischte Mehl einrühren. Zum Schluss Zimt, Nelken, Haselnüsse, Schokolade, Zitronat, Orangeat, Rosinen unterziehen. Den Teig auf ein mit Back-Trennpapier ausgelegtes Backblech streichen.

Im vorgeheizten Backofen bei 180 Grad ca. 20 Minuten backen. Den Gewürzkuchen nach dem Backen sofort in 2 cm breite und 5 cm lange Stücke schneiden. Beide Seiten der Schnitten in die zuvor im Wasserbad geschmolzene Kuvertüre tauchen und zum Abtrocknen auf ein Kuchengitter setzen.

LEBKUCHENSCHNITTEN

Zutaten:
4 Eier
250 g Puderzucker
400 g Mehl
1 Teelöffel Backpulver
400 g gemahlene Mandeln
50 g gewürfeltes Zitronat
50 g gewürfeltes Orangeat
2 Päckchen Lebkuchengewürz

Dekoration:
1 Eigelb
etwas Wasser
abgezogene Mandelhälften

Zubereitung:
Eier schaumig schlagen, löffelweise Zucker einrühren. Das mit Backpulver vermischte Mehl zufügen und untermengen. Mandeln, Zitronat, Orangeat, Lebkuchengewürz dazugeben, alles gut verkneten, kaltstellen. Danach den Teig auf einer bemehlten Arbeitsfläche ca. 1 cm dick auswellen, in Rechtecke schneiden und auf ein mit Back-Trennpapier ausgelegtes Backblech setzen.

Das mit Wasser verquirlte Eigelb über die Schnitten streichen, darauf die Mandelhälften beliebig verteilen. Im vorgeheizten Backofen bei 180 Grad ca. 20 Minuten backen.

HONIGPLÄTZCHEN

Zutaten:
- 3 Eier
- 500 g Zucker
- 50 g flüssiger Honig
- 1 Esslöffel Zimt
- 1 Esslöffel Kakao
- 50 g Zitronat
- 50 g Orangeat
- 50 g gemahlene Haselnüsse
- 1 Teelöffel Lebkuchengewürz
- 500 g Mehl
- 1 Päckchen Backpulver

Zubereitung:

Eier schaumig schlagen, löffelweise Zucker und Honig einrühren. Zimt, Kakao, Zitronat, Orangeat, Haselnüsse, Lebkuchengewürz untermengen.

Das mit Backpulver vermischte Mehl auf eine Arbeitsfläche sieben, die gerührte Masse darüber geben, alles gut verkneten. Aus Teigstückchen ca. 4 cm dicke Rollen formen, diese in 1/2 cm dicke Scheiben schneiden.

Die Plätzchen auf ein mit Back-Trennpapier ausgelegtes Backblech setzen. Im vorgeheizten Backofen bei 180 Grad ca. 20 Minuten backen.

Knusperchen

Zutaten:

250 g Nuss-Nougat-Creme
50 g gemahlene Mandeln
100 g zerkleinerte Cornflakes
100 g kleingeschnittene,
getrocknete Aprikosen
große, rechteckige Backoblaten

Zubereitung:

Mandeln, Cornflakes, Aprikosen unter die zuvor im Wasserbad erhitzte Nuss-Nougat-Creme mischen. Die Masse ca. 1,5 cm dick auf Oblaten streichen, jeweils mit einer Oblate abdecken. Zum Festwerden etwa 8 Stunden in den Kühlschrank stellen, danach in kleine Stückchen schneiden.

NUSSHÄUFCHEN

Zutaten:

150 g Butter
200 g Puderzucker
1 Päckchen Vanillezucker
2 Eier
250 g Mehl
1/2 Päckchen Backpulver
200 g gemahlene Haselnüsse
Haselnüsse zum Dekorieren

Zubereitung:

Butter schaumig schlagen. Abwechselnd Zucker, Vanillezucker und Eier einrühren. Löffelweise das mit Backpulver vermischte Mehl und Haselnüsse unterheben. Mit Hilfe von 2 Teelöffeln Teighäufchen auf ein mit Back-Trennpapier ausgelegtes Backblech setzen. Jedes Plätzchen mit einer Haselnuss dekorieren. Im vorgeheizten Backofen bei 180 Grad ca. 15 Minuten backen.

HONIGTALER

Zutaten:
450 g Honig
250 g Zucker
100 g Butter
30 g Zitronat
30 g Orangeat
2 Eier
1 Prise Salz
1 Teelöffel Zimt
1/4 Teelöffel Nelken
1 kg Mehl
2 Päckchen Backpulver

1 größeres, rundes Ausstecherförmchen

Füllung:
Johannisbeergelee

Dekoration:
200 g Halbbitter-Kuvertüre

Zubereitung:
Honig, Zucker, Butter in einem Topf unter Rühren erhitzen, bis die Masse geschmolzen ist. Den Topf vom Herd nehmen und so lange weiterrühren, bis die Honigmasse nur noch lauwarm ist. Zitronat, Orangeat, die mit Salz verquirlten Eier, Gewürze und das mit Backpulver vermischte Mehl in die Honigmasse geben, zu einem glatten Teig zusammenkneten.

Anschließend den Teig auf einer bemehlten Arbeitsfläche ca. 1/2 cm dick auswellen, runde Plätzchen ausstechen. Diese auf ein mit Back-Trennpapier ausgelegtes Backblech setzen und im vorgeheizten Backofen bei 200 Grad ca. 15 Minuten backen.

Die noch warmen Plätzchen mit Marmelade bestreichen und jeweils zwei zusammen setzen. Die erkalteten Honigtaler zur Hälfte in die zuvor im Wasserbad geschmolzene Kuvertüre tauchen.

KOKOSMAKRONEN

Zutaten:
4 Eiweiß
Saft einer Zitrone
1 Prise Salz
250 g Zucker
1 Päckchen Vanillezucker
250 g Kokosraspeln
100 g Schokolade

runde Backoblaten

Zubereitung:
Eiweiß steif schlagen, Zitronensaft und Salz zufügen, löffelweise Zucker und Vanillezucker einrühren. Anschließend Kokosraspeln unterheben. Die Oblaten auf ein Backblech legen und darauf mit Hilfe von zwei Teelöffeln Teighäufchen setzen. Mit einem angefeuchteten Stiel eines Holzkochlöffels in die Mitte der Makronen eine Vertiefung drücken. Im vorgeheizten Backofen bei 160 Grad ca. 35 Minuten backen. Danach die zuvor im Wasserbad geschmolzene Schokolade in die Vertiefung der Makronen füllen.

BUTTERPLÄTZCHEN

Zutaten:

Teig:
375 g Mehl
1 Teelöffel Backpulver
150 g Zucker
1 Päckchen Vanillezucker
3 Eigelb
250 g Butter

Guss:
3 Eiweiß
1 Prise Salz
200 g Puderzucker

Dekoration:
80 g gehackte Mandeln

1 rundes oder rundgewelltes Ausstecherförmchen

Zubereitung:
Die Teigzutaten zu einem Mürbteig verarbeiten, kaltstellen. Danach den Teig auf einer bemehlten Arbeitsfläche auswellen, runde Plätzchen ausstechen und auf ein mit Back-Trennpapier ausgelegtes Backblech setzen. Eiweiß steif schlagen, Salz und löffelweise Puderzucker einrühren. Auf jedes Plätzchen einen Teelöffel der Masse geben, gehackte Mandeln darüber streuen. Im vorgeheizten Backofen bei 175 Grad ca. 15 Minuten backen.

Schneebälle

Zutaten:

2 Eiweiß, 100 g Puderzucker,
1 1/2 Esslöffel Zitronensaft,
250 g kleingehackte Walnüsse

Zubereitung:

Eiweiß steif schlagen. Löffelweise Zucker sowie Zitronensaft einrühren, danach Walnüsse unterheben. Mit Hilfe von zwei Teelöffeln kleine Teighäufchen auf ein mit Back-Trennpapier ausgelegtes Backblech setzen. Im vorgeheizten Backofen bei 140 Grad ca. 40 Minuten trocknen lassen.

SCHNEEMÄNNER

(Rezept für einen Schneemann)

Zutaten:

3 Pfeffernüsse
1 runde Oblate oder einen Keks als Boden
1 Schokokeksplättchen
1 Dominostein
1 mit Schokolade überzogene Keksstange
Schokoladenglasur
1 Holzstäbchen

Zubereitung:

Die Schokoladenglasur im Wasserbad dickflüssig erhitzen. Mit Hilfe des Holzstäbchens kann man die Glasur gut auftragen. Zwei Pfeffernüsse an der flachen Seite mit Schokoladenglasur zu einer Kugel zusammenkleben. Diese Kugel mit Glasur auf der Oblate oder dem Keks befestigen. Die dritte Pfeffernuss mit der Rundung nach unten als Kopf auf die Kugel setzen. Darauf das Schokoladenkeksplättchen, darüber den Dominostein.

Alles wird mit Hilfe der Schokoladenglasur zusammengehalten. Die Grundform des Schneemanns ist fertig. Nun noch Gesicht und Knöpfe mit der Glasur aufmalen. Zum Schluss das Keksstäbchen als Besen mit einem Tupfen Glasur seitlich am Schneemann befestigen.

MANDELHERZEN

Zutaten:
250 g Butter
120 g Puderzucker
1 Eigelb
350 g Mehl
100 g gemahlene Mandeln

Herzen-Ausstecherförmchen

Dekoration:
1 Eigelb
halbe Mandeln

Zubereitung:
Butter schaumig schlagen. Löffelweise Zucker sowie das Eigelb einrühren. Diese Masse mit Mehl und Mandeln zu einem glatten Teig zusammenkneten, kaltstellen.
Danach den Teig ca. 1/2 cm dick auf einer bemehlten Arbeitsfläche auswellen, Herzen ausstechen und auf ein mit Back-Trennpapier ausgelegtes Backblech setzen. Über die Herzen das zerschlagene Eigelb streichen, mit halben Mandeln verzieren. Im vorgeheizten Backofen bei 180 Grad ca. 15 Minuten backen.

PFEFFERNÜSSE

Zutaten:

Teig:

500 g Mehl
1 Päckchen Backpulver
300 g Zucker
2 Eier
6 Esslöffel Milch
abgeriebene Schale einer unbehandelten Zitrone
1 Esslöffel Zimt
1 Teelöffel Kardamom
1 Teelöffel Ingwerpulver
1 Teelöffel gemahlene Nelken
1 Prise Salz
50 g gemahlene Mandeln
50 g kleingewürfeltes Zitronat

Glasur:

250 g Puderzucker
ca. 4 Esslöffel Zitronensaft

Dekoration:

z.B. bunter Zucker, Schokostreusel

Zubereitung:

Alle Teigzutaten zu einem Mürbteig verarbeiten, kaltstellen. Danach den Teig in ca. 2 cm dicke Rollen formen, Scheiben abschneiden und zu Kugeln formen. Diese auf ein mit Back-Trennpapier ausgelegtes Backblech setzen. Im vorgeheizten Backofen bei 175 Grad ca. 15 Minuten backen.

In der Zwischenzeit die Glasur aus Puderzucker und Zitronensaft rühren, über die noch warmen Pfeffernüsse streichen, nach Belieben verzieren.

ZWERGEN-LIEBLINGSPLÄTZCHEN

Zutaten:

Teig:

250 g Mehl
125 g Zucker
1 Päckchen Vanillezucker
4 Eigelb
125 g Butter

Zum Bestreichen:

2 Eigelb

Dekoration:

Hagelzucker, bunter Zucker, Zuckerperlen, Schokostreusel, gemahlene Haselnüsse, gehackte Mandeln, gehackte Pistazien

verschiedene Förmchen

Zubereitung:

Alle Teigzutaten zu einem Mürbteig verarbeiten, kaltstellen. Danach den Teig auf einer bemehlten Arbeitsfläche ca. 1/2 cm dick auswellen, verschiedene Plätzchen ausstechen. Diese auf ein mit Back-Trennpapier ausgelegtes Backblech setzen. Eigelb mit etwas Wasser zerschlagen, über die Plätzchen streichen und beliebig verzieren. Im vorgeheizten Backofen bei 200 Grad ca. 10 Minuten backen.

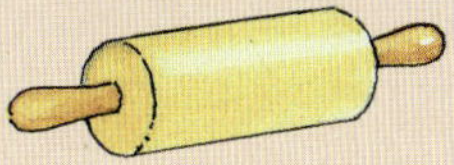

INHALT Seite

Verantwortlich: Elke und Timo Schuster
Illustration: Eva Zeidler und Manfred Rohrbeck
Fotografie: Axel Waldecker

Der Inhalt dieses Buches ist vom Verlag sorgfältig erwogen und geprüft, dennoch kann eine Garantie nicht übernommen werden. Eine Haftung des Verlages für Personen-, Sach- und Vermögensschäden ist ausgeschlossen.

Bibliografische Information der Deutschen Bibliothek
Die Deutsche Bibliothek verzeichnet diese Publikation in der Deutschen Nationalbibliografie; detaillierte bibliografische Daten sind im Internet über http://dnb.ddb.de abrufbar.

2. Auflage 2024

Druck und Bindung: LEO Paper
ISBN 978-3-7806-2038-5

www.zwergenstuebchen-schuster.de